AF330464

LES
ÉLECTIONS

DE

1869

PAR L'ABBÉ ***

CURÉ DE ***

PARIS

IMPRIMERIE DE DUBUISSON ET Cⁱᵉ

——

1869

ÉLECTIONS DE 1869

AVANT-PROPOS

Celui qui livre à la publicité cet écrit, à l'occasion des élections prochaines des députés, est un simple curé de campagne. Son but est d'éclairer les électeurs des communes rurales, trop souvent exposés aux séductions de l'intrigue et du mensonge ; habitué à parler le langage simple et droit qui va au cœur, l'auteur n'emploiera, pour convaincre ses lecteurs, que le charme de la vérité ; heureux s'il peut faire passer dans leur intelligence sa conviction et continuer à faire cesser, pour notre pays, l'ère si désastreuse des révolutions.

Qu'on ne l'accuse pas de vouloir se distinguer ou s'attirer quelque faveur : il n'ambitionne rien et son nom restera inconnu.

L'abbé ***
Curé.

ÉLECTIONS DE 1869

Les élections générales des députés ont toujours eu, en France, une grande importance. Celles qui doivent prochainement avoir lieu empruntent une importance encore plus grande aux divers événements qui viennent de se passer en Europe, aux aspirations qui s'y manifestent chaque jour, et aussi à l'attitude que la France devra garder dans les commotions qui semblent se préparer et qui, d'un moment à l'autre, peuvent éclater. Car, pour tout homme attentif aux courants d'idées qui se produisent, il est évident que de grandes agglomérations de peuples cherchent à se former. Le colosse du nord, l'ambitieuse Russie, tout en voulant se relever de son échec derrière les murs de Sébastopol, a toujours les yeux fixés sur Constantinople, qu'elle convoite, et si, dans les conflits qu'elle cherche à soulever en Orient, elle parvient à amener une complication quelconque, elle ne manquera pas d'y jeter son épée, afin d'enlacer dans ses serres le Bosphore et de refouler en Asie, sous prétexte de religion, le croissant, qu'elle déteste plus parce qu'il gêne son ambition que parce qu'il blesse son orthodoxie.

La Prusse, fière de son triomphe de

Sadowa, rêve l'empire d'Allemagne avec l'Autriche pour annexe.

L'Italie, qui nous doit tout, son indépendance, ses agrandissements, attend avec impatience et frénésie Rome pour capitale et, pour l'avoir, elle n'hésitera pas un instant à oublier tout ce qu'elle nous doit et, s'il le faut, à tirer son épée contre nous.

L'Angleterre, l'éternelle jalouse de notre gloire, ne manquera pas de nous susciter tous les embarras possibles et, au moment suprême, de semer son or et de lancer ses vaisseaux contre nous.

Dans cet état de choses, la France doit maintenir son rang de grande puissance en Europe, y conserver sa prépondérance et être prête à tout événement. Il est vrai que, pour faire face à toute éventualité, nous avons des ressources immenses. La France peut mettre 600,000 hommes en ligne de bataille, et 400,000 pour garder ses frontières et ses places fortes ; sa marine peut lutter avec avantage contre n'importe quelle marine étrangère ; et si Napoléon III avait besoin de faire un appel aux capitaux et et qu'il demandât 500 millions, on lui donnerait 1 milliard. Puis le courage de nos soldats et nos gloires militaires nous rendront toujours redoutables : le soleil de Magenta et de Solférino, comme celui de Marengo et Austerlitz, pourra toujours éclairer pour nous de nouveaux triomphes. La France n'a donc rien à redouter du côté de l'étranger. Une seule chose est à craindre : c'est le tiraillement des corps constitués de l'Etat. Comme l'union fait la force, la désunion cause la faiblesse. Si le premier Empire avait trouvé appui et bon vouloir de la part du Sénat et du Corps législatif d'alors, il se fût relevé de ses désastres ; il succomba moins sous les efforts combinés des puissances coalisées que sous l'action corrosive des partis.

Electeurs, il dépend de nous que le deuxième Empire renouvelle les gloires du premier Empire, sans en subir les malheurs ; — entourons Napoléon **III** de députés qui le secondent dans ce qu'il ambitionne de grandeur et de prospérité pour la France.

Par suite de nos divisions intestines, un autre problème pourrait aussi, d'un moment à l'autre, se poser devant nous : l'hydre du socialisme terrassée, enchaînée par la main puissante de l'Elu du suffrage universel, mais non détruite, peut se relever avec d'autant plus de rage qu'elle a été longtemps comprimée et couvrir de désolation et de ruines notre pays, déjà si éprouvé par tant de révolutions sanglantes ; nos ennemis du dehors applaudiraient avec joie à ses succès, et les bas-fonds de la société y trouveraient un assouvissement désiré à leurs sauvages convoitises. Pour voir se réaliser ce cataclysme sanglant, destructeur de toute société, que faut-il ? qu'une opposition turbulente et passionnée soit amenée au Corps législatif ; alors ses clameurs trouveront de l'écho dans la rue, et des clameurs à l'émeute la pente est rapide.

Electeurs, n'oublions pas que les commotions sanglantes, que les révolutions ne peuvent avoir pour effet que de dépouiller notre pays de tout prestige au dehors et de toute prospérité au dedans, et travaillons tous à affermir le trône de Napoléon III, en nommant des députés qui veuillent aider et non renverser son gouvernement.

Mais sur quels hommes doivent se porter nos suffrages ? Quatre sortes de candidats vont s'offrir à notre choix : les légitimistes, les orléanistes, les socialistes et les impérialistes. Les faire connaître, c'est éclairer et déterminer notre choix.

Les légitimistes sont les hommes dévoués à la branche aînée des Bourbons, qui, deux fois, nous a été imposée par les baïonnettes étrangères. Si, d'un côté, on ne peut s'empêcher d'applaudir à leur fidélité à un ordre de choses qui les rendait les maîtres absolus de la France;

d'un autre côté, on ne serait pas trop téméraire de penser que, si notre étoile venait à pâlir sur les champs de bataille, ils recevraient encore avec acclamations le Russe, le Prussien et l'Anglais, nous ramenant dans leurs fourgons le comte de Chambord avec l'amoindrissement de notre patrie.

Au milieu donc des événements qui peuvent d'un moment à l'autre se produire en Europe, si la France, pour se maintenir à la hauteur où l'ont placée son génie militaire et sa civilisation, était obligée de tirer son épée, serait-il prudent d'avoir à la Chambre des députés beaucoup de légitimistes, alors que nous aurions besoin de l'union des cœurs, comme de l'union des bras, pour repousser l'étranger et conserver nos frontières? Non, certainement.

D'ailleurs, la légitimité est une cause définitivement perdue en France : la nation la repousse et ne veut plus ni priviléges ni souverains, qui lui soient imposés; nommer donc à la députation des partisans de cette légitimité, ce serait aller contre les aspirations de la nation, qui veut conserver ses conquêtes sur la féodalité et l'aristocratie.

Electeurs, vous ne tomberez pas dans cette erreur : vous froisseriez le sentiment national.

Les orléanistes sont les partisans de de la branche cadette des Bourbons, de la famille des d'Orléans. Cette dynastie de dix-huit ans a accumulé sur la France trop de mépris et lui a fait subir trop d'humiliations pour que jamais notre pays n'appelle quelqu'un de cette race à monter sur le trône. Le Français sait, quand il le faut, faire le sacrifice de sa fortune, de sa vie, jamais de son honneur et de sa gloire.

Louis-Philippe laissa l'influence de la France s'amoindrir au dehors et au dedans la royauté se déconsidérer et s'avilir par tout ce qui se produisit sous son règne : depuis le crime de Mme de Feuchères jusqu'aux concussions des ministres ; depuis l'ignominie de Blaye jusqu'à l'humiliation Pritchard. Aussi, un jour, le peuple indigné se leva, brisa le trône souillé et jeta en exil le vieux monarque et sa lignée.

Nommer à la députation les partisans des d'Orléans, ce serait vouloir ce qui a abaissé la France devant l'étranger et relever ce que le peuple français a si

justement renversé ; nous savons très-
bien que tous ceux d'entre eux qui ont
été à la Chambre élective depuis le second Empire n'ont cherché qu'à entra-
ver la marche du gouvernement et qu'à
le compromettre aux yeux des masses
pour amener des émeutes et des révolu-
lutions, espérant par là arriver au pouvoir.

Cette tactique nous est connue. —
Electeurs, nous nous prémunirons contre elle en ne nommant pour députés
que des hommes qui veulent la France
grande, glorieuse et respectée, la France
du premier Empire.

Une troisième catégorie d'hommes à
repousser de nos bulletins, c'est les
socialistes, les communistes ; leurs doc-
trines, leurs tendances, leurs projets

nous sont connus : tout a été dévoilé, mis au grand jour dans les réunions de la Redoute, du Pré-aux Clers et des Folies-Belleville. Leur programme est facile à comprendre : ils ne veulent plus de Dieu, de religion, de famille, d'Etat, d'autorité ; il leur faut le communisme complet, le régime des bois, l'état sauvage. Et, ne l'oublions pas, si les légitimistes, les orléanistes condamnent et repoussent, avec l'énergie que donne l'honnêteté, tout moyen illicite et coupable, dût ce moyen faire triompher leur parti et les mener au pouvoir, il n'en est pas de même des socialistes. Pour arriver, ils ne reculeront devant rien : le meurtre, le pillage, la guerre civile, le sang, la dévastation, tout leur sera bon. Et, ne nous faisons pas illusion, leurs adeptes sont nombreux ; Lyon seul en compte 60,000, et l'audace ne leur fait pas défaut. Si donc ils arrivaient nombreux à la Chambre des députés et que les partis honnêtes, par leur opposition systématique, vinssent à affaiblir le pouvoir qui nous gouverne et à rendre impuissante la main qui aujourd'hui les maîtrise, nous nous verrions inévitablement condamnés à un cataclysme des plus épouvantables. Il m'est donc permis, électeurs, de vous faire entendre le cri d'alarme : Soutenons l'Empire, sauvons la patrie !

Nous atteindrons ce noble but, que tout cœur français ambitionne, en nommant pour députés des impérialistes, c'est-à-dire des hommes franchement dévoués au pays, à sa Constitution et au souverain qui nous gouverne. Huit millions de suffrages, sortis en grande partie de nos campagnes, ont appelé au trône de France Napoléon III ; complétons notre œuvre, consolidons son empire, fondons sa dynastie, et nous aurons bien mérité de la patrie ; car si nous voulons la France grande et respectée au dehors, florissante et prospère au dedans ; si nous voulons des libertés sans licence, des progrès sans précipitation, des économies sans diminution de bien-être, le règne de Napoléon III nous assure ces avantages.

L'Alma, Sébastopol, Magenta, Solférino ont immortalisé nos armes, et la campagne du Mexique sera toujours un souvenir glorieux pour l'armée française et une preuve incontestable de sa bravoure.

Si cette expédition lointaine n'a pas eu tous les résultats que nous étions en droit d'attendre, il n'en a pas été de même de nos victoires en Europe : la chute de Sébastopol, que la Russie avait rendu imprenable, a appris à cette puissance qu'elle aurait à compter avec la France chaque fois que son ambition la poussera vers Constantinople. L'Autriche, qui montait la garde sur nos frontières, a été refoulée au delà de l'Adriatique. L'unité italienne, qui aura de la peine à se former, à cause de sa conformation géographique et de la diversité des caractères de ses habitants, ne pourra jamais devenir une menace redoutable pour nous. D'ailleurs les Alpes, devenues frontières françaises depuis la Suisse jusqu'à la Méditerranée, seront toujours pour nous un puissant boulevard contre l'Italie.

Sadowa, dont on a fait tant de bruit

et qu'on a si souvent jeté à la face du gouvernement, a eu pour la France un résultat heureux : il a scindé en deux le colosse de la Confédération germanique, à la tête de laquelle se trouvaient deux formidables Etats, l'Autriche et la Prusse, qui, à un moment donné, pouvaient jeter sur nos frontières de l'est un million de combattants. Aujourd'hui, ces deux Etats ne peuvent marcher ensemble et il nous sera toujours facile de les opposer l'un à l'autre, en offrant à l'Autriche une revanche sur Sadowa, au Hanovre et à la Saxe, l'occasion de recouvrer leur indépendance.

Nous pouvons donc dire avec vérité que Napoléon III a élevé la France à la hauteur de ses destinées et qu'il l'a faite grande aux yeux des nations. Que les deux corps d'Etat, le Sénat et les députés, soutiennent le souverain qui nous gouverne; nous verrons se réaliser ce que disait Frédéric le Grand : *Si j'étais roi de France, je ne voudrais pas qu'on pût tirer un coup de canon en Europe sans ma permission.*

Electeurs, il dépend de nous qu'il en soit ainsi. Si le Corps législatif à élire seconde notre Empereur, la France, forte par l'union des corps constitués de l'Etat, imposera à l'Europe.

Aux élections donc, habitants des campagnes ! Choisissez pour députés des amis de l'Empire : c'est par là travailler à la grandeur de notre patrie, et en second lieu, c'est travailler à sa prospérité et au bien-être de tous. Car que n'a pas fait le régime de Napoléon III pour

rendre la France prospère et heureuse ?
D'innombrables débouchés ont été ou-
verts à notre commerce. D'immenses
améliorations ont été produites sur tout
le territoire de l'Empire, des cons-
tructions splendides et éminemment
salubres ont été créées dans tous
les grands centres de population, et
d'un bout à l'autre de la France on
remarque l'activité, l'aisance, le bien-
être.

Ce qui a été fait nous répond de ce
qui se fera encore ; notre Empereur n'a
qu'une ambition : celle de procurer à
son peuple la plus grande somme pos-
sible de bonheur, et il réalisera son dé-
sir si ses projets ne sont pas contre-
carrés par les partis hostiles à son gouvernement. Electeurs, c'est à nous à lui
rendre cette tâche facile, en ne donnant

pas nos suffrages à des hommes de l'opposition.

On reproche au gouvernement de
l'Empereur ses dépenses énormes. Les
dépenses dans un Etat, quand elles sont
productives, c'est-à-dire quand elles
augmentent la richesse nationale, ne
sont jamais trop considérables, et quand
elles viennent en aide à la classe ou-
vrière, un gouvernement doit être heureux de pouvoir les faire. Ne vaut-il
pas mieux enrichir le pays en lui de-
mandant plus d'impôts que de le laisser
pauvre pour se donner la satisfaction de
lui demander moins? D'ailleurs, tout
progressant autour de nous, dans les
petits Etats comme dans les grands, la
France, qui a toujours été à la tête du
progrès et de la civilisation, ne pouvait
rester en arrière ; nos voies ferrées, si

utiles au commerce et à la défense nationale; nos armements nouveaux, notre
marine cuirassée ont nécessité de grandes et d'inévitables dépenses ; mais,
qu'on le remarque bien, toutes ces dépenses à qui ont-elles profité? Aux
travailleurs, à la classe pauvre, à qui il
aurait fallu nécessairement venir en
aide d'une manière ou d'autre. Qu'on
ne reproche donc pas à Napoléon III ce
qui est une des gloires de son règne :
la France embellie, enrichie, marchant
toujours la première en tête du mouve-
ment européen; la France aimant la
paix, mais prête à marcher quand son
honneur et l'intégrité de ses frontières
le demandent.

Un autre reproche que les ennemis de
l'Empire adressent à Napoléon III, c'est
de ne pas donner assez de liberté à la

France. Quand je remonte l'histoire de mon pays, je ne trouve pas de souverain qui ait donné autant de liberté à son peuple : liberté de la presse, liberté de réunion, liberté de la tribune, suffrage universel, tout nous a été donné. Et, remarquons-le, ce n'est pas sous la pression d'une menace de la part des partis, ce n'est pas lorsque les préludes de l'émeute se produisaient que ces libertés nous ont été données, mais lorsque tout était calme et que le pays était mûr pour en être doté.

Nous pouvons même ajouter, sans craindre de nous tromper, que toutes ces libertés-là ne sont que le prélude de celles que l'Empereur veut encore accorder ; c'est en effet là ce qu'il a résolûment exprimé lui-même dans son admirable allocution au conseil d'Etat, le

23 mars dernier, lorsqu'il a dit:«C'est le devoir de mon gouvernement de satisfaire les aspirations légitimes et les justes désirs d'améliorations qui se produiront dans la nation.» M. Rouher, dans un discours au Corps législatif, avait aussi formellement déclaré que le gouvernement de l'Empereur céderait toujours aux manifestations légitimes de l'opinion publique. Après de telles assurances de la part de notre souverain et de son premier ministre, nous sommes sûrs de voir se développer pacifiquement dans notre pays la liberté aussi bien que la prospérité.

Electeurs, ne nous laissons donc pas circonvenir par toutes les attaques malveillantes et mensongères inventées contre notre Empereur; quand, comme lui, on n'a qu'une ambition : venir en aide à toutes les misères du peuple; soulager toutes ses infortunes; porter des lois éminemment philanthropiques, lois d'assistance, de secours mutuels, d'assurance en cas d'accident ou de mort; ouvrir à nos produits agricoles des débouchés avantageux, garantir les propriétés contre les inondations; créer et améliorer nos chemins vicinaux; enfin, procurer partout le bien-être et l'aisance, il est bien certain qu'alors on mérite la reconnaissance et l'amour de la nation à la tête de laquelle ou se trouve.

Aussi, malgré toute la haine des ennemis de l'Empire, on n'arrachera jamais du cœur des masses populaires l'amour qu'elles portent à l'*Élu* du 10 décembre. Elles l'ont élevé sur le trône de France, elles sauront l'y maintenir et fonder parmi nous sa dynastie.

En cela le peuple français ne fera qu'entrer dans les vues de la Providence et les seconder ; car n'est-il pas digne de remarque et véritablement providentiel qu'à cinquante années de distance, le même nom se retrouve dans la même œuvre de reconstitution de la société civile et de la religion catholique ? Ce que l'oncle avait fait pour réparer les ruines du terrorisme, le neveu l'a fait à son tour pour prévenir les destructions et les négations du socialisme. Le prince Louis-Napoléon, président de la République française, aussi bien que Napoléon Bonaparte, premier consul, pourra se présenter au jugement de l'histoire avec ces deux beaux titres, les plus beaux peut-être qu'un chef de gouvernement puisse ambitionner : le pouvoir civil réédifié, la religion préservée.

Quel était en effet l'état de la religion au sein de cette tourmente qui, en 1848, s'élevait si terrible au-dessus de nos têtes et qui menaçait de tout emporter? Le peuple, il est vrai, et je lui rends cette justice avec bonheur, s'était montré respectueux pour Dieu et sympathique au clergé ; sa dictature passagère n'avait été souillée d'aucune profanation, d'aucun sacrilége ; la révolution n'avait pas renversé la croix, comme en 1830, ni brisé les autels et immolé les prêtres comme en 1793 ; mais ce que les instincts toujours nobles et généreux du peuple avaient rendu impossible en 1848, les passions implacables de l'esprit de secte et les fureurs de la démagogie le rendaient inévitable en 1852 : nous étions à la veille d'une guerre sociale. Le communisme s'attaquait à toutes les bases de la société; religion, civilisation, tout était menacé, et la sanglante Jacquerie qui eut lieu le lendemain du 2 décembre dans certaines provinces nous apprend ce que nous avions à redouter de ses haines et de ses vengeances.

Si cette grande et terrible épreuve de la persécution a été évitée à notre siècle; si la religion n'a été ni opprimée, ni outragée dans ses dogmes et dans son culte; si le clergé n'a été ni entravé, ni inquiété dans son pieux et saint minis-tère, l'honneur en revient tout entier à Napoléon III. C'est lui aussi qui a re-placé dans ses fondements la pierre an-gulaire sur laquelle repose le catholi-cisme, en rétablissant Pie IX sur le siége immuable de saint Pierre. C'est lui qui, encore aujourd'hui, le protége contre la convoitise et les attaques des garibaldiens et des mazziniens.

Aussi le clergé français a compris, avec le tact qui le distingue, toute la force qu'il pourrait trouver, pour remplir sa sublime mission, dans son union loyale et cordiale avec un pouvoir qui tire son droit d'un grand souvenir et d'un grand principe. Voilà pourquoi on l'a vu par deux fois, à la tête des populations, voter à bulletin ouvert pour le prince Louis-Napoléon. Voilà pourquoi, dans les prochaines élections, il votera pour les candidats du gouvernement. La reconnaissance, l'intérêt de la religion, comme celui de la France, lui en font un devoir.

Electeurs, vous connaissez tous tout le bien que Napoléon III a fait et veut faire aux classes ouvrières, aux cultivateurs ; vous savez qu'il a été et sera le protecteur de votre religion et de la civilisation ; qu'il emploiera toujours son pouvoir et sa puissance à rendre la France grande, prospère et respectée. Marchez donc et marchons tous aux élections prochaines avec calme, avec fermeté. Nommons tous pour députés des hommes dévoués à l'Empire, à Napoléon III, à sa dynastie. Qu'un autre 10 décembre apprenne à l'Europe, à l'univers entier que la France aime toujours son Empereur, son gouvernement. — Nous aurons bien mérité de la patrie et de la postérité.

Paris. — Imp. de Dubuisson et Cᵉ, r. Coq-Héron, 5.

www.ingramcontent.com/pod-product-compliance
Lightning Source LLC
Chambersburg PA
CBHW061719060726
47597CB00006B/2477